SE DESPIDIÓ EN INVIERNO

SE DESPIDIÓ EN INVIERNO

ÁNGEL GABRIEL RO

Ilustraciones de Valentina Talijan

| UniversoAzul

© Ángel Gabriel Ro, 2021
© Universo Azul, 2021

Ilustración de portada: Marina Krikotun (@marynrin)
Ilustraciones del interior: Valentina Talijan (@valentina_talijan)
Maquetación y diseño: Ángel Gabriel Ro (@angel.gabriel.ro)

Primera edición: febrero de 2021
ISBN-13: 9798709857568

Todos los derechos reservados. No se permite la reproducción total o parcial de esta obra, ni su incorporación a un sistema informático, ni su transmisión en cualquier forma o por cualquier medio (electrónico, mecánico, fotocopia, grabación u otros) sin autorización previa y por escrito de los titulares del copyright. La infracción de dichos derechos puede constituir un delito contra la propiedad intelectual y acarrear consecuencias legales según la ley aplicable en los Estados Unidos de América u otra parte del mundo.

*A mi abuelo,
por ser un campeón de inquebrantable voluntad.*

1
Veintisiete

Veintisiete son los siglos
que guardará mi memoria
antes de empezar a cuestionarse
si ya es hora de dejarte ir.

Veintisiete lágrimas suelta el equilibrio
cuando recuerda que ahora es frágil
y que le quitaron toda la confianza
en las veintisiete heridas que el capricho dejó.

También son veintisiete las mentiras del alivio.
Los consuelos inciertos que ofrece aceptar.
Y las sensaciones que sin aviso despiertan
en rincones que nunca habían recibido luz.

Las puertas que se abren frente a lo inexplicable
en un abanico de realidades que ya no cierra igual.
Las veces que elijo callar antes de decirme
lo poco que importarán mis dudas a este mundo.

Veintisiete días que le sobran a febrero.
Veintisiete letras que reordeno al escribirte.
Buscando en ello la manera exacta
para dejarte saber que aún sigues vivo.

Veintisiete libros sobre antiguas promesas
y las profecías de gloriosos retornos.
Veintisiete el número maldito
que apaga estrellas en plena ascensión.

Majestuosas en torno a Urano,
bailan veintisiete lunas de hielo.
Y veintisiete razones me sobran
para buscarte en cada noche azul.

Veintisiete pétalos caen sobre el lago,
uno por cada abrazo que se nos murió.
Y veintisiete pececillos de colores
son mis emociones nadando alrededor.

Veintisiete han sido las ocasiones
en que me he dormido mientras pienso
que una parte de mi vida llegó contigo
y tú te me fuiste un veintisiete de enero.

2
Me pregunto

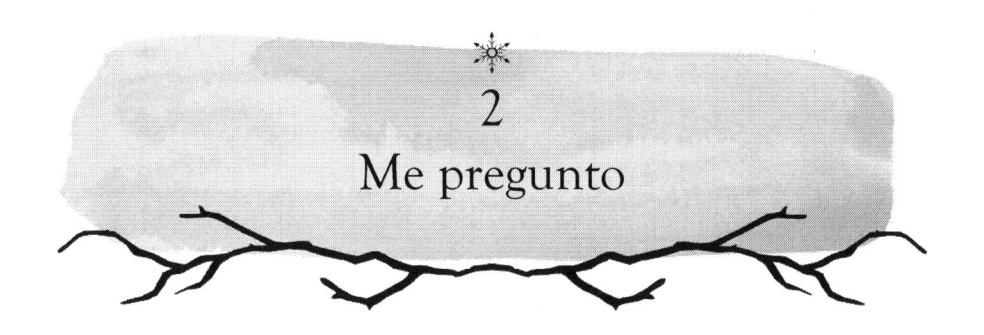

Me pregunto
si sigue la luna
desfilando frente a tu ventana
cada vez que oscurece.

Si es que donde estás
los grillos descompasan
el sonido de las noches.

Me pregunto si hay caminos de vuelta,
amuletos de la suerte,
contactos a tierra,
refugios subterráneos,
botes salvavidas.
Me pregunto si hay villas y castillas
o son solo cuentos que promete la gente.

Me pregunto si aún recuerdas
cómo suenan las voces.
Si puedes entrecerrar los ojos
y reconocerme entre el gentío.

Si es que es fácil viajar
agarrado del viento
o si sobre las tormentas eléctricas
es posible caminar.

¿Serán las grutas que hay entre nuestras vidas
continuación furtiva a la misma historia?
¿Serán, por contrario, símil de abismos
por donde caen conclusiones y su punto final?

¿Será que no son (ni somos) nada?

Me pregunto si el sentido
a todo lo que no descifro
no está y jamás ha estado
en los lugares donde lo busco.

Si también Dios improvisa sus planes
y si añade cambios de último minuto.
No le cuestionaría.
Nunca aprendí a confiar en mí.

Me pregunto cuánto, en realidad, duran las horas
y si no serán más que un parpadeo
los cien eneros que pasan
de un instante a otro.

Si es la corriente
que anima todos los cuerpos
la misma que conecta
dos planos tan distintos.

Si una fracción de tu fuerza
sería suficiente para juntar
ciertos pedazos.

Y al notar mi rostro húmedo,
en ese presentimiento extraño del vacío,
me cuestiono si hubo cosas que debí contarte.
Si es que mañana al despertarte
pudieras escucharme tan solo un minuto.
No sabría explicarlo.
A veces estoy seguro de haber sido el que esperabas
y otras veces,
otras tantas veces,
yo solo...
Me pregunto.

3
Autopsia de un poemario

Este poemario es
un encuentro con la muerte.
Es mirarle a los ojos,
acariciarle el hocico
y rascar tras su oreja.

Reconocerse en el reflejo
de sus plateados colmillos
y ver el alma propia
desmoronarse a pedazos.

Es pararse de puntillas
al borde del abismo,
mirarlo fijamente,
por mucho rato,
y
        quizás
                caer...

Es sentir el hielo
clavarse cual flecha
en el justo centro
del ánimo marchito.

Darle al frío
un voto de confianza
y que se instale en la casa
donde jugábamos de niños.
Permitirle sitio
a la nostalgia intrusa
aun sabiendo
lo mucho que le cuesta irse.

Ver en la distancia
una vida incompleta,
que se aleja por razones
desconocidas e invisibles.

Es una danza peligrosa
al filo de la demencia.
Un alarido sin voz
que nadie escucha.

Este poemario es
dar un salto al vacío
y volverse un remolino
de tenebrosas plumas negras.

Abrirse las entrañas
para alimentar a un buitre
y sentir su pico
atravesando los tejidos.

Este poemario es carne fresca.
Carroña y presa fácil.
Dar vuelta a una piedra
que nadie debía mover.

Es ordenar las cosas viejas
cuando alguien hace falta
y deshacerse de las que duelen
para aceptar que ya no está.

Escribir es algo más
que saber usar palabras.
Y este poemario es
una forma de aprender.

Es seguir a ciegas
el vuelo torpe de un murciélago
y chocar con la barrera
que ahoga en ruidos el sonido.

La gotera constante
que no perfora el cráneo
y solo hace ecos
en las tinieblas de una caverna.

Este poemario es la ausencia
que camina y te habla,
pretendiendo ser solo
un estado pasajero.

Es sentir sus garras
contra la garganta
y el peso de su cuerpo
que no te deja respirar.
Es un sentimiento visceral
que vomita de los nervios
y convulsiona con violencia
en los brazos del dolor.

Es resignarse al martirio.
Sufrir a solas los momentos.
Que no es lo mismo llamar al diablo
que verlo llorar.

Es el desafío
de vivir a medias,
queriendo aferrarse
a una parte del pasado.

Este poemario es
un mortífero duelo
del que se sale ileso
o ya no se sale.

Se despidió en invierno

4
Dos serpientes en el agua

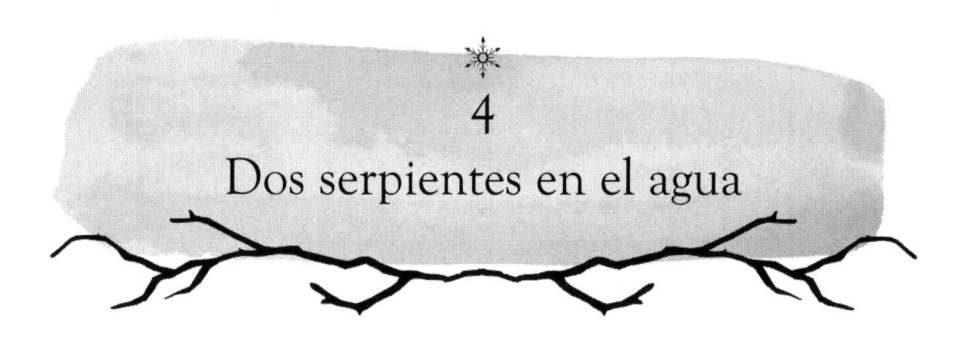

Dos serpientes se pelean
en el agua verde de este río.
Y sé que mis días fluyen por su cauce,
sin frenos,
arrastrando todo lo que encuentren en su camino.

Es pleno verano.
El sol seca cada anhelo que se me enriza en la cabeza.
Seré libre.
Alguna vez seré libre.
Y, como mis días,
como el agua,
no regresaré.

Mi padre aún no vuelve del trabajo.
Mi madre ha tenido que salir.
Mis hermanos duermen.
Y la casa de mi abuela, desde arriba,
vela por mí.

Es pleno verano.
Y las dos serpientes ondean sus cuerpos
en el agua verde de este río.
Se separan y se acercan.
Se enroscan.
Intentan morderse la cabeza,
sádicas, crueles
y escurridizas.

Yo estoy erguida sobre una roca.
Es el punto geográfico de mi memoria
que permanece más inalterable.

Mis ojos cerrados filman en contrapicado el cielo.
Extendidos, mis brazos imitan la cuerda floja
por la que se balancea la suerte de cada persona.
Respiro todo el monte
y sé que cuando muera volveré aquí.

Volveré a tener los pies mojados
y a dejar su silueta húmeda en cada laja.
Volveré a sentir que el resto del día
me sopla la cara demasiado fuerte.
Que el mundo queda quieto
y que el agua puede devolverse río arriba
si yo se lo pido.

Volveré a querer que las cosas no me necesiten.
Y volveré a ver a las dos serpientes enfrentarse.
Ahora me aterran
y quizás después también lo hagan.
Pero no seré ya la misma.
Habré vivido tanto.
Habré vivido suficiente.
Habré vivido siglos.
Y habré aprendido a mirar sin tomar parte.
A dejar que el destino suceda sin mí.

Dos serpientes se pelean
en el agua verde de este río.
Y sé que mis días fluyen por su cauce,
sin frenos,
arrastrando todo lo que encuentren en su camino.

Se despidió en invierno

5
Valle en sobrevuelo

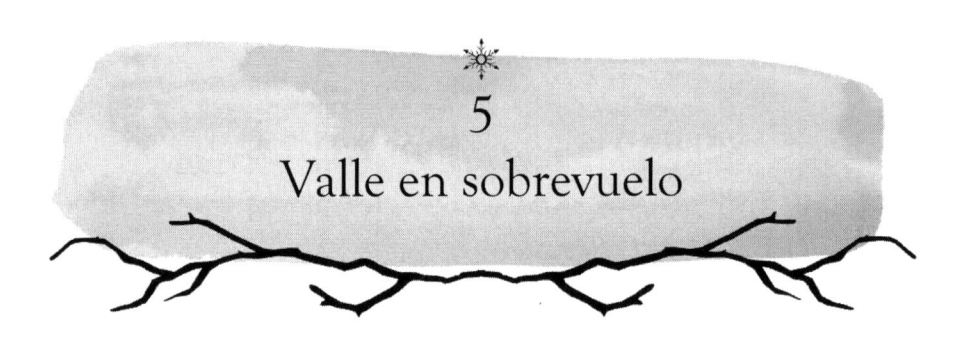

Chorreando sangre,
mi nombre sobrevuela el valle.
Y, en su desesperada huida, piensa
que puede escapar.

Quiero ver qué hace
cuando sepa que quien llega aquí
no sale nunca más.

6
En carrera

En carrera,
vamos mi juventud y yo,
apostando por ver
quien se agota antes.

Es ella tan pura,
pura irreverencia reprimida,
apuñalada por la vergüenza
desde adentro
hasta la saciedad.

Su herida la lleva honrosa.
El tajo es solo tajo y memoria.
Ella es gacela y voluntad,
corriendo desbocada cerro abajo.

Por las mejillas,
le resbala el brillo de un verano derrotado,
quemando cada injusticia
que no quiso emboscar.

Las oportunidades perdidas
pesan como piedras en los bolsillos.
Y entonces cae en cuenta:
sí que había que soltar.

Disparada,
como arsenal de falsedades en boca de la ira: disparada,
sale la gravilla del sendero
a cada paso que completa,
bien segura de que sus pies descalzos
jamás podrán volver.

Suda todas las ocasiones
en las que esperó demasiado de sí misma.
Y, como no se hidrate,
muerta se va a caer.

Querer alcanzarla no tiene caso.
No heredé nada de ti.
En carrera, tú volabas bajito
y yo fui siempre ese pillo
que la policía lograba atrapar.

Mi juventud, y tú y yo.
Tu juventud, y tú y yo.
En carrera, se confunden.
Se cruzan en la pista.
Salen a destiempo,
al primer disparo de señal,
sin importar en qué tiempo sucede.

¿A qué siglo pertenece
este ruido de cañón?

Intrusas suelas de zapatos
atraviesan la meta.
Una línea de llegada a la que no debíamos llegar.
Nos adelantamos,
recortamos demasiado en las curvas cerradas
y, antes de entenderlo,
el final nos hizo tropezar.

Por primera vez,
mi juventud prueba el oro.
Y yo, que bien la conozco,
sé leer su rostro.

No le gustó...

7
Mi último adiós

A veces me quedo sola,
tranquila y callada,
frente a la nada,
con la mirada fija,
sintiendo tan hondo
que algo me falta,
y recuerdo después
haberte perdido.

Y suelto el suspiro
que he retenido tanto,
de los que se aloja
cuando la muerte reclama.
Que pudre por dentro,
desgarra heridas.
Se vuelve tortura
y ausente silencio.

Y ya frío mi cuerpo
demanda costumbre,
se estremece de tristeza
y duele al respirar.
Me siento ya exhausta,
cansada, rendida.
Me falta la fuerza
para seguir andando.

Si pasan los días,
yo ya no me entero.
Todo lo que siento
es pena y vacío.
¡Ay, si pudiera,

mi vida, mi amor,
tomar tu mano,
viajar contigo!

Saber si el sitio
que habitarás ahora
es seguro, tranquilo
y libre de dolor.
En cada oración
solo eso es lo que pido
y hasta el cielo envío
un beso, un abrazo
y mi último adiós.

8
Catarsis

La muerte es una catarsis
elegante y sublime.
Un desbordamiento de cosas
en las que ya no hay que pensar.

Llega y te abre las compuertas
de una represa de lágrimas
y te mira comprensiva
mientras parten al océano.

Se para delante y solo ves vaporosa
la imagen hermosa de una simple flor,
que dejó atrapada entre sus páginas
un libro que hace mucho no leías.

Le gusta ocultarse entre la arboleda
para ver discreta toda clase de reencuentros.
Y se acerca luego a tu banco en el parque,
fingiendo no haber visto que hablabas solo.

Soltarlo todo,
tirarlo a su suerte,
sin consecuencias que anticipar.
Es una explosión controlada.
Sentirse seguro en el riesgo.

Y a veces necesitas
que se cuele dentro
y se lleve todas las cosas
que ya no puedes guardar.

Se despidió en invierno

La catarsis es
volver a empezar.
Purgarse en la muerte
para renacer.

9
Vas a encontrarte conmigo

Vas a encontrarte conmigo
en uno de esos días fastidiosos
en que nada sale bien.
Cuando tomes el tren equivocado,
llegues tarde al trabajo
y no puedas salir antes de las seis.

En el camino de vuelta,
estaré en el agua que corre por las calles de la ciudad,
entre tierra y hojas secas.
La basura que queda en las zanjas
será mi declaración de guerra
y en los charcos sobre los adoquines
verás asomados a los «*No te dejaré*»,
con el rostro pegado a la ventana,
creyéndose engañados por el curso de los hechos.

No seré sino una memoria doblando en la cuadra.
Aquello que pasa apresurado y apenas lo percibes
en el frágil suspiro de un mal presentimiento.
No sabrás que se trata de mí.
Al menos no de inmediato.
Pero, ¿quién más?
Dime, ¿quién más va a estarte buscando?

Mirarás sin razón aparente
a través de esas barreras traslúcidas
y cada manecilla, de cada reloj, de cada edificio,
señalará hacia el callejón.
Y a más te acerques, ensordecerás
con el eco de tus zapatos.

En él se esconde el último grito de la soledad.

Será la tinta de cada poema,
reusada en los grafitis,
la que te contará de sentimentalismos urbanos
y corazones de metal.

Seré yo desde la acera de enfrente,
contemplando, descubiertas, tus alas.
Mi paz pintada en un mural
que ve pasar transeúntes,
que ve morir a los perros,
que ve, en todo, el riesgo mortal.

Vas a encontrarte conmigo
en este perdón imaginario,
dando por ciertas cosas
que no quiero negar.

Te hincarás de rodillas
y los relojes seguirán apuntando en la misma dirección.

Quizás sea el claxon,
un saludo, un tropiezo...
Cuando quieras darte cuenta,
estarás abriendo la puerta de tu casa, otra vez.

No voy a prometerte cuándos ni dóndes.
Fijar sucesos es un capricho.
Pero sirva este hoy de alerta:
vas a encontrarte conmigo.

10
La crisálida

La tristeza es una mariposa
que, aun frágil, revolotea
y se me posa en los dedos
cuando estoy pensando en ti.

Es la sombra de una nube
que me sigue en días soleados
y así, cuando te busque,
vea gris y solo gris.

Una especie de compasión,
particular, aunque no rara,
que habita de vez en cuando
entre los claveles del infortunio.

Es la boca abierta
de tu morriña carnívora
esperando que caiga presa
mi versión para olvidar.

Descorazonamiento.
Marca a la gente triste el descorazonamiento voluntario
de su propio percibir trastornado.
Y, dentro, la crisálida
solo puede bascular,
pendiendo de un hilo
para desprenderse
y caer, y caer, y caer...

Inicia,
en ese tambalear,
la purificación

y el único resplandor
que iluminará sus venas.
La singular oportunidad de llenarse de aire
y continuar.

Hasta que vuelvan a mirarse.
Y sus ojos se recuerden.
Y yo vuelva a buscarte
y te vuelva a pensar.
Y, acorralándome, el descarado tormento
me obligue a admitir:

También me habito a mí como esa mariposa
que nunca quiso volar.

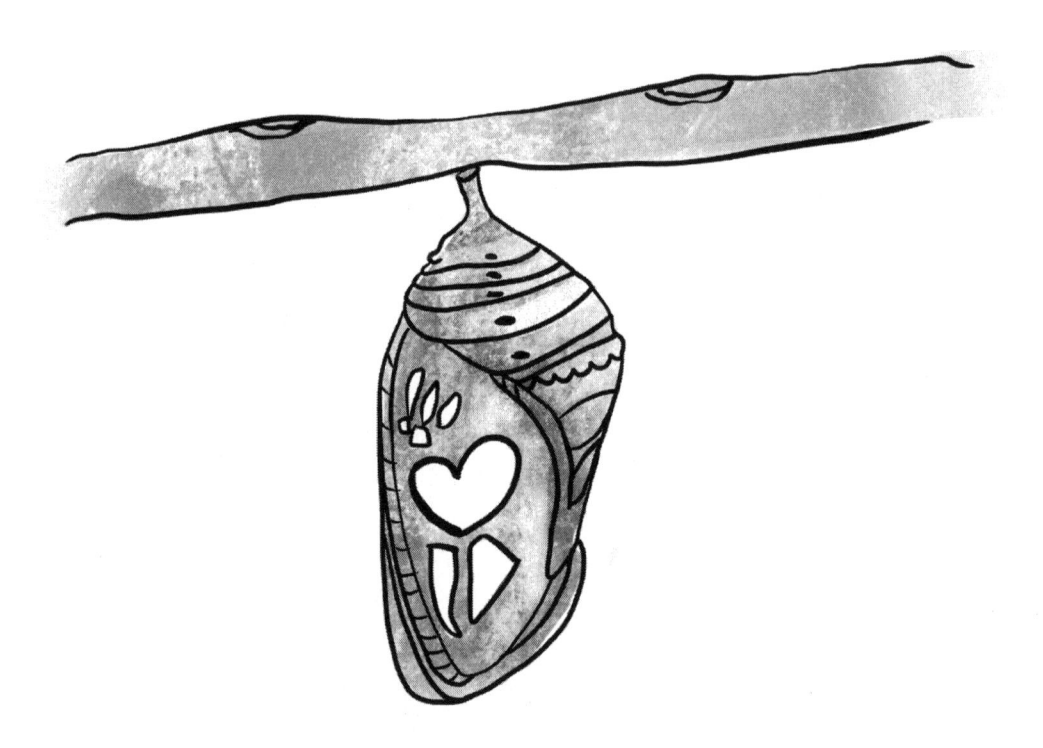

11
Hidrólisis

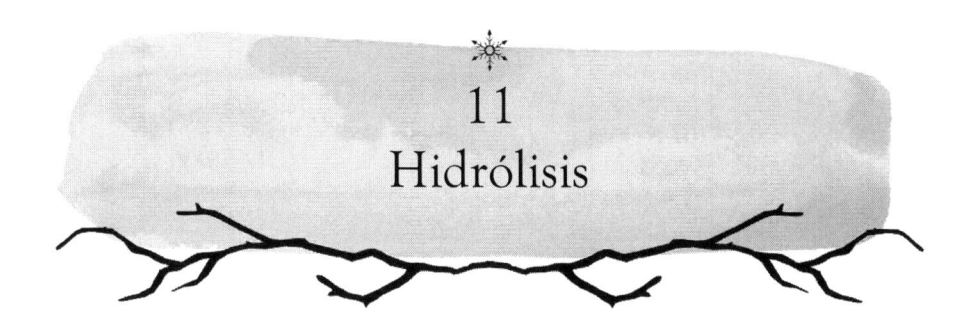

Dentro, el agua rompe.
Las costillas son un espigón de roca
que resiste su furia y calma
sin saber cuál duele más.

Predecirte es cuestión de saber mirar.
Vienes siempre que ya estoy mejor.
Y vivo contigo desde hace tanto
que ya he aprendido: son cortas tus ausencias,
prontos tus retornos
y demasiado largas tus vigilias.

Evitarte precisa de mantenerse a flote.

Nuestra historia se cuenta desde la desgana
y nos volvemos el límite.
La quieta superficie.
El mecimiento transparente
del lecho que nos siente morir.

Somos corrientes.
Dos cuerpos de agua.
Masas de vida
que perdieron la cabeza.

Me inundas,
me ahogo.

Te juro que no quise ser tan feliz.
Discúlpame.

Tus lágrimas de ángel limpian la orilla.
Este corazón hundido se hizo de súplicas.
Si pudieras tan solo quitar tu peso del mío,
avanzaríamos los dos hacia dónde merecemos.

Y ya deja de mirarme así.
Tampoco me creo una palabra.
Levantarse de esta cama
fue solo promesa de ayer.

Suspira complacida.
No pondré resistencia.
Renuncio al cansancio
de llegar a ninguna parte.

Dentro, el agua rompe.
Y el desaliento es un recipiente
donde cada día llueve
y a veces se derrama.

12
Azul medianoche

El cielo se ha roto.
Sangra a cuentagotas
plateadas revelaciones,
cristales en caída libre
que se desvanecen antes de tocar tierra.

Mi corazón apesadumbrado
se desforma, se expande.
Da vueltas en el desván.
A estas horas, siempre se inquieta,
mientras adormece mi cuerpo
sentado en el suelo
algunos metros sobre la infinidad.

Este balcón ha sido mi hogar.

Orbita el lado oculto del olvido
sobre nuestras cabezas.
Retrógrado, en dirección inversa,
dándole siempre la espalda al sol.

Eclipsa el pensamiento
cuando no pienso en nada
o cuando me repito: no debo pensar.
En la sombra, este planeta
obedece otras normas.
A oscuras se transforma
en ese reino nocturnal.

Observo desde aquí la orilla.
Se baña desnuda cierta diosa,
descontrolando un poco la marea,

como si agitara el centro de la Tierra
al bailar.

Salto felino y grácil.
Aterrizo de pie en la arena.
Su cuerpo nieveperla.
Sus océanos ojos de estrella.
Pronuncia dulce algún conjuro
y al querer tocarla,
palidece y se esfuma.

Mi arrepentimiento,
aquel niño demacrado
que era la luz de mis ojos,
vigila resplandeciendo desde el faro,
erguido sobre la roca de la Iglesia,
sobre el cráneo profanado
del templo de la histeria,
entre las rocosas caderas
que paren la bahía.

Respiro el azul medianoche
y me vuelvo tan profundo
que en mí se pierden barcos,
devoro trasatlánticos,
soy hálito de la madrugada.

Todo reluce en zafiro.
Es una luz sobrenatural.
Baña entera esta plenitud,
como la espuma a mis pies descalzos.

Se aproxima mi plácida calma noctámbula
con su piel pálida y su canto singular.
Levanta a lo lejos un coro de sirenas
y me remonta al conticinio que me vio nacer.

Y entonces despierto.
Mi corazón azul medianoche,
inquieto, regresa a mí.
Es el bramido transmarino
que llega desde otros sitios.
El resplandor lejano
que peina olas en el mar.

13
Preludio a la tormenta

Son las vueltas del mundo
lo que se da por sentado,
girando a una distancia prudente del núcleo,
sin tocarlo
y sin dejarlo de mirar.

Se desprenden de nosotros manchas absolutas,
rastros que dejó la materia cósmica al atravesarnos.
No serán estos besos los últimos que demos
ni será este momento el que nos precipite hacia el final.

El molde de esta noche va a romperse
justo cuando dejemos de respirarla
y los hemisferios se descolocarán un poco,
aun si nosotros no nos enteramos.

El magnetismo de los polos
y su influencia sobre las antenas.
Las señales a lo lejos,
en el cielo,
y, en tus dos ojos negros,
preludio a la tormenta.

Traslucidez en su cristal.
Es una advertencia:
vienen lágrimas
y no las vas a detener.

Tus labios tiemblan.
Otra advertencia:
me vas a echar de menos.
No sabes verte sin verme a mí.

Aun estando juntos,
sentados sobre el mismo muelle,
a la misma distancia del sol,
vemos horizontes distintos.
Asimétricos, imperfectos destinos
con todo lo que el otro deja fuera.

Se vuelven inquietas las ramas.
Sus hojas migran en bandadas,
presagiando lo que se aproxima.
Sabiendo no estar en el lugar correcto
ni a la hora indicada,
se deciden marchar.

Quizás deberíamos aprender.

Ya se levanta
y te despeina
la resistencia transmutada de la ciudad
que no permanecerá.
Silba detrás de los dos.

Maldita y triste mi inocencia.
Anticipa la lluvia
y se refleja en algún pedazo de mar,
como un espejismo que responde
a través del agua clara
desde el lecho de coral.

Emites figuras distorsionadas.
El ruido le borra los bordes.
Son signos indescifrables
que ocultan eso que los dos sabemos.
Y es que me tengo que ir.

Desconectamos...

Maldita, y triste,
y tercera advertencia:
no habrá otra insinuación
antes de que nos separe la tormenta
y no haya forma de volver a navegar.

El mar no va a recordarnos
a ninguno de los dos.

14
Tu ausencia

Tu ausencia.
Cruza esta habitación, tu ausencia,
haciendo acrobacias,
me aterriza en las manos.
Cuelga de mis dedos
como una marioneta,
confiándole la vida a los hilos
que la suspenden en el aire.

Se me cuela dentro un día de verano.
El corazón suda minutos muertos.
Dejé abandonados ciertos recuerdos
y ahora la maleza que los consume
parece hablarme con la lengua empapada
en veneno dulce
y aun convencerme
de mirar atrás.

Si cierro los ojos,
siento.
Y sentir era precisamente
lo que quería evitar.

Me permití flotar.
Alivianar mis pecados.
Deshacerme del peso
de despedidas injustas
y tragarme las culpas
que no conseguí apartar.

Quiere llorar
la canción que, en secreto,

habla de los dos.
Y en secreto también,
al cantarla de nuevo,
solo,
quisiera llorar yo.

Tu ausencia.
Cuánta gracia tiene, tu ausencia,
cuando habla consigo misma
en medio de mi salón
y se cuenta que hace algún tiempo que
no se dejaba ver por aquí,
que espera que todo marche bien
y que ya no te pierdas tanto.

Se me hacen lluvia de junio
las lecciones que me quiso dejar la indiferencia
y la luz del sol las atraviesa
para iluminar restos de su propio
y tan moribundo
corazón.

El río que corre,
la gente que vuela,
los años que caminan por encima de mis costillas,
todos me recuerdan
que vivir no da chance
para detenerse.

Tu ausencia.
Vuelve a buscarme, tu ausencia,
en los lugares que quise olvidar para siempre,
sabiendo muy bien
que justo allí
me iba a encontrar.

Respiro a través de las amapolas.
Me han rodeado en esta pradera
alejada del mundo,
a la altura exacta

de un descenso nada seguro
sobre el nivel del mar.

Suspirarían de pena
si pudieran verte,
si supieran recordarte entre las voces que alguna vez escucharon.
Y queriendo retenerte,
por un segundo y por un siempre,
se harían viejas
y marchitas.
Y tampoco así te sabrían sostener.

Ni ellas ni yo sabemos nada
de lo que significa
cerrar a tiempo
las manos.

Tu ausencia.
Qué suave besa, tu ausencia,
cuando no me quiere despertar
y se marcha a hurtadillas
para no robarme el sueño
de abrazarte.

Si pienso en el pasado
desde este lado del tiempo,
podría amordazar algunos errores
que me resultaron malos consejeros.

Y si quisiera echar atrás lo andando,
tropezaría en la trinchera
que cava a ratos tu ausencia
alrededor de mí.

Y tu ausencia...
Tan silente, tu ausencia,
vuelve a sentarse junto a mí
a la orilla del destino,
moviendo los pies,
removiendo el cosmos,

pretendiendo hacerme creer
que jamás...
jamás...
jamás
te fuiste.

Tu ausencia.
Qué tersas manos tiene, tu ausencia,
cuando me toma el rostro,
mira directo en mis ojos
y no contiene la sonrisa
al descubrir que todo pasa
y yo te pienso todavía.

Y todavía.
Y todavía.
Y todavía.

Tu ausencia se torna infinita
y yo te pienso todavía...

15
Secretos enterrados

¿Qué será de mí si olvido el secreto
que mantiene conectados mis impulsos de vivir?
¿Qué pasará cuando busque sus luces
y en cambio solo vea fantasmas en la eternidad?

¿A qué pueblo regresa uno
cuando pierde el camino a casa?
¿A qué madre se le llora
en los días de recodar?
¿Por dónde pasa el río
cuando pierde su cauce?
¿A dónde iré yo
cuando quiera ver el mar?

¿De qué pájaro seré las alas
luego de transfigurar el alma,
luego de borrar quien soy
para renacer en alguien más?

¿Qué se hace con los nombres
que uno ya no pronuncia?
¿Y cómo pronunciaré aquellos
que amaré hasta el final?

¿Qué será de mí si olvido el secreto
que contiene, de todos los secretos, su lugar?
¿Dónde cavaré para dar con sus tumbas
si, al enterrarlos, prometí no volver jamás?

Se despidió en invierno

16
Duendes feos

Desde la luz de la farola,
viajando por las sombras,
llega hasta mi balcón
el duende feo de tu arrogancia.

Da una patada a la puerta.
Entra, sin que nada importe.
Aquí va a pasar la noche,
observándome mientras duermo.

Yo pienso en dividirme.
Que sea el frío de la brisa
lo que me corte por la misma mitad.
Y que una parte se la lleve.
Y la otra la deje aquí.
Y a saber en cuál de las dos
queda mi consciencia.

¿Atrapada contigo?
Amarga escala por la garganta
la misma noche que fuera de este mundo nos acecha.
Y al duende feo de tu irreverencia
no se le borran las arrugas al (des)contar minutos.

Parece que hoy no acaba.
Parece que mañana no llega.
Parece que ayer vuelve.
Es un poco más prudente
y, antes de pasar, espera.

Descansaré plácidamente.
Quizás suceda mientras miro el techo.

Volverá a elevarse sobre mí tu duende,
como si todavía le tuviese miedo.

Esta parte de mi alma
sabe bien de dobleces.
No le cuesta nada
dar la espalda y resistir.

¿Libre ya de ti?
Dulce vuela a ras de suelo,
desgarrándose el pecho contra el asfalto,
la misma noche que fuera de este mundo nos amenaza.
Y ya del duende no sabré nada.
Nunca habrá, para mí, existido.

Y así, supongo,
ninguna de mis dos partes,
ni tú ni yo,
tal vez nadie,
sea —lo que se dice ser— feliz.

Mientras sigas dando vueltas por aquí,
es solo cuestión de (des)tiempo(s)
hasta que todos comprendan.
No concedes tregua.
Solo guardas lamento
y un ejército imaginario de duendes muy feos.

Se despidió en invierno

17
La puerta

Siempre quise saber
qué había del otro lado.
Si el frío que se colaba por las rendijas
era algo más que vacío.
Si la puerta arañada
al fondo del armario
llevaba a algún lugar
más allá del dolor.

Y me acercaba,
cuando todos dormían.
Lloraba,
cuando todos dormían.
Sentía,
cuando todos dormían,
el lamento de monstruos
y gritos de horror.

Quizás era allí
donde migraban los sueños
cuando se me escapaban
de la cabeza.

Tal vez allá dentro
vivían escondidas
todas las veces
que no pude gritar.

Pegaba el ojo a la cerradura,
y, aun bajo la luz de luna,
era todo sombra
y sombra nada más.

Descalzo, de puntillas,
bien aferrado a la manta,
un pequeño niño temblaba,
creyendo haberle visto
ojos
a la soledad.

El sisear de las serpientes.
La brisa nocturna sobre la hojarasca.
El afilado chirrido del silencio.
Y una canción de cuna
desbordando amargura
entre suspiros de temor.

Sería que marcaba
la entrada a un espacio mágico.
O sería, de contrario,
la salida de un misterio,
de un oscuro y lúgubre secreto
que aquellas bisagras
jamás me contarían.

Pasaba mis dedos
por el marco de cedro,
queriendo que la madera
me susurrara
alguna clave extraña
tal si fuera
la
vida.

Pretendía desengañarme.
Vender cierta inocencia
a cambio de algún cuento macabro
que hablara sobre la verdad
y me traicionara
cuando diera la espalda.

Aprendí del sigilo
a tumbarme en el suelo
tal si fuera pleno campo
empapado de rocío.
Y sobre la mirada,
luceros y planetas,
girando, girando,
completando siniestros ciclos
en el reloj de Dios.

Y más allá del cielo,
el techo de esta habitación,
devolviéndome indiferencia
en el reflejo de mi espíritu
joven y robusto,
pero a punto de irse.

Es una lluvia de estrellas
que ilumina tenue mi rostro.
Un suspiro azul
sobre mi oso de peluche.
Pensar en lo desconocido
es temblar a solas,
rogando que no se unan
malas compañías.

Al lado opuesto de la candidez,
se retuerce el tiempo muerto.
Cava con los dientes,
con las uñas,
desde su tumba,
queriendo volver.

Viaja mi inocencia
en el intercambio de energías.
Y la puerta permanece intacta,
cerrada, prohibida.
Un tapiado enigma
que no puedo comprender.

Ahora que tu espectro
es parafísico y extraño,
te suplico,
dime tú
qué hay del otro lado.

18
Silueta sibilina, sibilina sombra

De su urna, vierte la bruma espantosa
que se esparce entre todo y sin piedad lo inunda.
Sigilosa pasa sin que me dé cuenta
y se pierde por los árboles antes de atraparme.

Alcanzo solo a ver un plateado velo
que ondea con sutileza y delicada gracia,
como si imitara la dulzura de una caricia tierna,
la oscilación frágil de una llama temblorosa.

Si viera yo volar su mortaja santa,
el sudario maldito que va a dejarme ciego
como un veneno que avanza despacio,
¡me faltaría cuerpo para albergar más temor!

Cuando los lirios mencionen mi edad
y el miedo me llame por mi nombre,
no seré más que un soplo de vidrio,
insignias esotéricas suspendidas en la nada.

Veré embelesado a esas ninfas sin ropas.
Y sus palabras sonámbulas entrarán en mis oídos.
Me adormecerán, como a un niño de polvo.
Y bailarán alrededor rezando letanías.

Será mi testamento solo letra muerta.
La inanición de las cosas que sufren sin remedio.
Y, sibilina, su silueta volverá a atravesarme
sin que yo pueda darme cuenta.

En su sanguinaria forma de brillar,
se dejan ver algunos rasgos finos.
Es el anverso del sendero delante
y la calina blanca que se desvanece.

Sigue mis pasos sin hacer ruido
una visión borrosa que no camina.
En la negrura me busca, sibilina, su sombra
y yo todavía no sé quién es.

19
Un efecto lunar

Suelo encontrarte en las horas más calladas,
cuando el Guayo apenas murmura rumores.
Me siento entre la maleza, abrazado a mis rodillas,
por si pasa un cometa y me deja verte.

Hoy tardas más de lo previsto.
Conmigo solo se sienta la calma
y lanza piedras contra piedras
sin que haya ni un poquito de sonido.

Solo la quietud corteja mi quimera
de salir de un letargo que me mantiene vivo.
Sueño con parecerme al agua
que viene, me canta y se va.

Una aparición nebulosa,
magenta, indefinida,
quiere encenderse, pero se apaga,
como una añoranza que no pudo abrir los ojos.

Con la parsimonia de esta noche cerrada,
el fantasma de Llorens mira desde la otra orilla.
Destilan para mí los cundiamores su nostalgia
y parten, sollozando, en un viaje sin retorno.

Me reflejo sobre la superficie en un efecto lunar
y mis pensamientos se diluyen.
Se disuelven mis pesares
en un flujo constante de pausas y esperas.

Cae como una hoja desprendida
el silencio sobre esta tumba,

sellando con su beso
mis helados labios.

Todo se pudre dentro
y germina por las costillas.
Entre los huesos sopla lento
lo que queda del corazón.

No se enfrenta a tu adiós
mi sentir acuífero
ni mis rizos remolinos
ni mis rutas subterráneas.

Solo este valle, que tanto te llora,
me habla a ratos, cuando así lo siente,
y me pregunta qué fue de ti.
Yo señalo hacia arriba.

Y entre los trazos borrosos
que dibujan las nubes,
solo reconozco tu bondad incontenible,
tu sonrisa blanca y tu mal genio
difuminado en tu forma de caminar.
Todo lo demás,
humo esfumándose en el cielo.

20
Luz perpetua

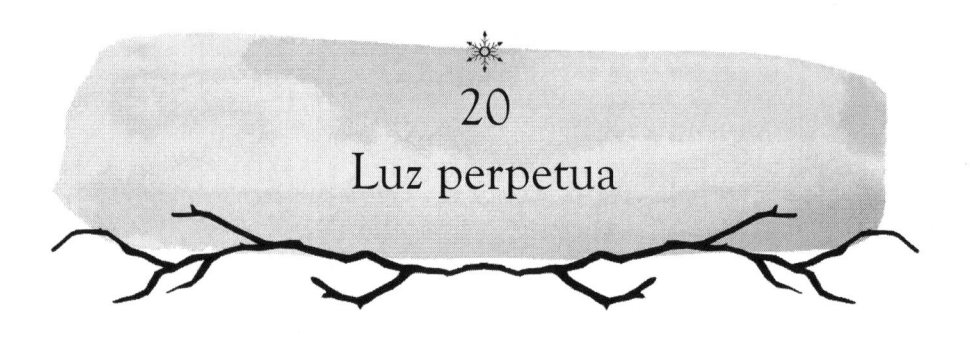

De las puertas del infierno,
libra, Señor, su alma...

Zurcidos labios murmuran cristiandades.
Son cruces rotas hundidas en un monte.
El calvario del resquemor atrapado
en el laberinto circular de no sufrirlo.

Lenguas de fuego lamen sus cicatrices.
Es una procesión de lágrimas que avanza lento.
Salen de la catedral, a paso cansado,
como si sobre sus hombros pesara un castigo.

Entre lo sagrado y lo injurioso,
profesan su responso los pecados moribundos.
Y se contorsionan los cuerpos malditos.
Y vomitan su negra bilis con graves ofensas.

En un festín de carne podrida,
celebran los demonios con cantares tristes.
La blasfemia baila un danzón.
Cerrándose van los aros de obsesiones convulsas.

¡Sacrificio por honor!
Resuena su marcha por las esquinas.
Va pasando el entierro por las ventanas
que se cierran para no mirarlo.

No recuerdes mi risa descalabrada
cuando vengas a juzgar el mundo por el fuego.
Ni mi discurso desobediente
cuando vengas a juzgar el mundo por el fuego.

No me cuentes las travesuras
ni las buenas intenciones
que en terribles perversiones
se deformarán con miedo
cuando vengas a juzgar el mundo por el fuego.

Que se resguarde la contumelia
en los esqueletos de hierro
que en su armario esconde
el amor impuro y malsano.

Infames cuentas de vidrio.
Nueve pasos antes de verte.
Antes de resucitarse
a las puertas de la salvación.

Ya en la distancia amanece
mientras me llevan con majestuosa pena
y una hoguera eterna
me hace señas a lo lejos.
El mármol sobre el pecho.
La muerte en flor que brota tarde.

Y así,
que en paz descanse
y brille para él la luz perpetua.

Se despidió en invierno

21. Informe de progreso

Informe de progreso:

Me sigue pareciendo
una locura
la vida sin ti.

22
monster...

Hay un monstruo enorme
que se sienta sobre el horizonte
de la eternidad de todas las cosas
a mirar el vuelo de los siglos.

Se alimenta de supersticiones maduras
de aquel árbol gris de la desolación.
Devorando con los dedos
las leyendas atrapadas en un laberinto,
pasa los días y los días.

La pantera...
Su mascota es una pantera
más grande que todas las panteras
de todos los mundos
de todos los tiempos.

Asoma el hocico
entre las montañas
y sus ojos dorados peinan
todo el panorama en la inmensidad.

Lame las heridas que le deja
el paso de las estaciones por el cuerpo.
El otoño le sienta especialmente mal a su pelaje
y lo vuelve muy opaco.

Sobre las siluetas de ambos,
cuando la arena sepulte
un par de horas muertas,
brillará la misma constelación siniestra
y en la noche abierta, esperarán.

Se despidió en invierno

Abajo, en el pueblo,
la gente les teme.
Y marcan cruces rojas
en cada una de las puertas.

A mí me gusta
escalar entre la enfermedad y la miseria,
subirme a los tejados
y verles en la lejanía,
observándonos.

Resopla la fiera.
Me revuelve el cabello.
Tan solo soy un chico
con unos pocos sueños,
muchas tardes sin cena
y un abrigo viejo amarrado a la cintura.

Tan solo soy la ceniza
que quedó de la hoguera
donde se quemó el futuro
de los hombres en la Tierra.

Soy la sombra del fracaso.
Un grito desesperado que desciende hasta la costa
y, en pleno aire,
se convierte en algo parecido al adiós.

A la altura de mis pies,
la muchedumbre choca sus cabezas.
Son partículas agitadas
de una sustancia que se echó a perder.

La putrefacción se adueña cada tarde más
de lo que nos queda
y en el portal de una casucha
a aquella nieta le cuentan
que, si las mentiras son la plaga,
la hipocresía es la epidemia.

Acuartelados en la taberna,
dos borrachos se discuten,
filosofando para abrir las entrañas
a lo desconocido.

Agazapada en una esquina,
la agonizante y malherida decadencia
me devuelve un espejo
en el escudo con el que se cubre.

Veo la decrepitud en mi imagen.
Así luciré cuando me haga viejo
y me aplaste la decepción de todos mis ancestros,
haciendo crujir mis huesos,
haciendo más espesa mi sangre.

Me despliego como el ala
de una remembranza persistente,
que desafía a la muerte
planeando en círculos.

Cierro mi mente.
La empujo al vacío.
Comienzo a ser distinto.
Ya no pertenezco al mismo universo
por el que mis fantasías vagan.

Y sin embargo aquí,
en este pobladito,
sigo siendo el niño
que combatía sin zapatos,
con una espada de palo,
demandando rendición al enemigo.

Sigo siendo el arquero frustrado
que usaba perchas de alambre
para disparar al cielo.
El que jugaba a las escondidas
con su propia sombra

Se despidió en invierno

y pasaba las horas
sin poder encontrarse.

Capitán que viajaba
en su avioncito de papel
por el atardecer
de los días más grises.
Aquel bribón travieso
que saltaba en los charcos,
salpicándolo todo
con gotas de esperanza.

Soy solo una pequeña presa
encerrada en los laberintos,
que el monstruo deja libre
a su conveniencia.

Y las ruinas de este pueblo,
antes de anochecer,
se parecen tanto a mí...
No puedo evitar la lágrima
que a la tierra desciende clara
y moja mis pies descalzos.
Este sitio es un remanso
atrapado en el ayer.

Se despidió en invierno

23
Coda

Ella era un baile mortal
al borde de la azotea.
Deboulés por la cornisa
de la propia caída suave.

Era giros arriesgados
sobre el eje del peligro.
Medias vueltas al vuelo
que elevan el ritmo del pulso.

Ella era un gran final.
Los focos sobre su figura.
Era la ovación de pie
y las rosas que caían.

Y una noche que no dejaba de pensarla,
subí y me senté en la línea de sus pasos.
Colgaban mis pies sobre la ciudad.
Colgaba mi ansiedad sobre el delirio de nombrarla.

Y, como si me escuchara,
apareció y dejó un beso sobre mis hombros.
Su rodilla chocó con la mía
y murmuró: «*También te espero cuando no me ves*».

Me levantó del suelo.
Giró para señalar la luna.
Vi en ella compasión gentil
y una sonrisa avisó que se iba haciendo tarde.

Busqué a tientas sus manos.
Me calmó la costumbre de obedecer.

Y pudo más en mí la inercia que el coraje.
Temblando de miedo, me refugié en su pecho.

Abrazados, saltamos de espaldas
y fuimos peso muerto
descendiendo al infierno
por sus más oscuros abismos.

Y cinco, seis, siete, ocho...
Ella estaba de vuelta en posición.
Marcaba sus tiempos con excelencia
y reiniciaba la fluidez en mi existencia,
deleitándome con su baile mortal.

24
Delta

Me elevo sobre un río de niebla.
Fluye con soltura como surcos invisibles.
Soy una voz frágil suspendida en lo alto
que calla y viaja sin tocar el suelo.

Sopla a través de mí con fuerza.
Ondea mi pelo y hace formas.
Me atrapa un vendaval furioso
que se vuelve manso como el agua.

Hay una turbina enorme
que me empuja entre las nubes.
Yo las hago girar con las manos
y formamos un ciclón.

Mis sentimientos son lo etéreo.
El sublime ademán de un desliz.
Levito con los brazos extendidos.
Apenas distingo la dirección.

Todo alrededor es diáfano.
Y un manto blanquísimo lo recubre.
Mi corazón aéreo ya no teme
soltar las riendas ni caer.

Respiro en lo más puro.
Y cada movimiento desata ráfagas.
Saetas de luz cruzan a mi lado
y desaparecen sin aterrizar.

Gigantescas aspas casi imperceptibles
generan este impulso eólico.

Nací para dirigir la ventolera
sin que ella me siguiera a mí.

He aprendido a latir dentro de este aullido.
A resistir las heridas de los vientos cortantes.
Me propulsa el nervio de renovadas energías.
Por mi cuerpo traspasa una brisa suave.

La evolución dilatada del medio
habla de turbulencias inevitables.
Despejar los frentes con aire afilado
es punto de partida para la dinámica.

Volverse nítido después de arrasarlo todo.
Alcanzar velocidades que nunca se soñaron
en un truco legendario que demanda destreza,
hecho de ilusiones que se vuelven traslúcidas.

Este es el anuncio de las nuevas eras.
La voluntad celeste que el delta dibuja
con el ascenso de los siguientes siglos
y su efímera forma de suceder.

25
Un camino del invierno

En uno de estos días,
uno nublado, probablemente,
empezamos a andar un camino.
Tú y yo.

Sin saber a dónde iba.
Perdidos, como estábamos siempre.
Y como siempre estaremos.
Sabiendo que el destino es tan solo
un nombre para el final.
Para cuando te cansas de caminar
y decides
asentarte.

A la derecha, el tiempo,
ramificándose a través de los árboles,
desdoblado en las vueltas
que sobre sí mismo da,
silbando entre los cambios que toma el viento.

A la izquierda, nuestro lago
y todas las tristezas que me curaste
ahogadas en él,
sedimentando el fondo.
Ocultas, como un tesoro
que nadie va a encontrar.

Las huellas en la tierra
que se acompasan,
pero no se cruzan.
Los pajaritos que nos sobrevuelan,
el frío del invierno,

y la paz que baila un bolero
en el hueco que queda entre los dos.

El cielo que se agrieta.
La lluvia helada de febrero.
El suspiro que damos ambos al mirarnos
y sabernos tan solos como unidos
en esta ruta
hacia Dios dirá.

Y vamos a paso lento,
aunque a veces te me aceleras.
Después de todo,
naciste para correr sobre el silencio
en el filo mismo de la eternidad.
Y nadie pudo,
y nadie podrá,
alcanzarte.

A veces solo veo
la silueta de tu espalda
perdiéndose a lo lejos entre la tormenta de nieve.
Y sonrío complacido,
sabiendo que vas a esperarme
corriendo en círculos,
dando saltos,
animándome a avanzar.

Cuando cruzo este mismo sendero,
y cierro los ojos,
y respiro,
y se detiene...

Siento volver al mismo punto,
al exacto,
preciso,
y justo punto,
donde comenzamos a frenar.

Se despidió en invierno

Pero te quedaba impulso.
Te quedaba aliento.
Te quedaba fuerza
y tu inquebrantable voluntad.

Me di cuenta, sin embargo.
No voy a ocultarlo.
Ya no me adelantabas.
En cambio, quedabas atrás.

El mundo empezó a parecerte un lugar extraño
y tus ojos borraban lo que sabías del sendero.
Te tambaleabas, y a veces caías.
Era para ti antinatural pensar en el equilibrio.
Sentiste ser un ave
incapaz de volar.
Ya no pertenecías aquí.

En un día nublado,
por un camino del invierno,
empezamos a andar.
Tú y yo.

Pero solo uno de nosotros,
en desconsolado llanto,
regresó.

26
Pa' no morirse

Pa' no morirse.
Uno hace tanto pa' no morirse.
Se prepara unas tostadas,
y el pan, ¡sin gluten!
Una tacita de café, ¡descafeinado!
La leche, ¡sin lactosa!

Dormir ocho horas.
Ejercitarse ciento cincuenta minutos a la semana.
Descansar entre comidas.
¡Pero no demasiado!
Que se atrofian los huesos
y se oxidan las articulaciones.

Meditar por las mañanas.
Hacer yoga, si es posible.
Conectar con la naturaleza.
¡Y con las personas!
Ir a misa, si uno es de esos.
Buscar la misa en otra parte si no.
Y hablar mucho de las emociones.
¡Pero cuidado!
Que hay que manejarlas *inteligentemente*.

Pa' no morirse.
Pa' no morirse.
Alimentarse bien.
Permanecer activo.
Mantener la cabeza limpia.
Limpio el corazón.
Pa' no morirse.

Tanto pa' no morirse.
Morirse para no morirse.
Y al final,
morirse para morir.

27
Elipses alrededor del sol

Implosiono
en el centro atérmico del todo.
Desde lo sideral del espacio,
se ven los pedazos
esparcirse por el planeta
cuyo nombre ya no sabré.

Como cuento de horror,
los ojos refulgentes de otro asteroide,
fijos en la desintegración de mi sustancia,
queman la huella de quien fui
con el reflejo del brillo de hace un millón de años.

Elipses alrededor del sol.

Torcemos la vasta existencia
a circundar un foco.
Eterna y alterada astrodinámica
y las flores negras que crecen en Saturno.

Ahora floto.
Mi alma se acontece antigravitacional.
Es el espín de todo el silencio
que nace en la cordillera oscura
de este cosmos espantoso
y fluye como río
plagadito de estrellas errantes.

Cada una de mis vidas
y cada persona que quise
sometidas todas a la supersimetría de esta galaxia loca,

donde el perfecto orden de las cosas
es también el caos de mi desesperación.

Y son elipses alrededor del sol.

Los siglos que lloré.
Un lago de destellos violetas.
Y en él se recrea una tímida pureza.
Es la fuerza de mi tristeza.
Es la energía del nuevo amanecer.

Abrir los ojos desde lo profundo.
Hundirme y ascender a la vez.
Tocar la superficie con la punta de los dedos
y rasgar el vacío interestelar
que hay de fondo.

Es un misterio indecoroso
poder ver mi propia ausencia desde aquí,
descompuesta por los hongos de la maldad
y revitalizando lo paralelo.

De pie, frente al ciclón, mi trascendencia.
De rodillas, cabizbajas, las agonías que escribí.
Todas vendadas, todas temblorosas.
Se acerca el temporal que les empujó a vivir.
No conoce de perdón.

Pronto, elipses alrededor del sol.

En remolinos desde mí,
se distorsionan dimensiones
y desaparecen planetoides
en el espiral de una canción.

Viaja por los confines
la disonancia de mi voz
y se quiebra en la incertidumbre
con las fisuras de un rayo,
atravesando el cielo perpetuamente nocturno.

Y de repente, el peso de una mano.
Y, por el universo, ultrasonidos de terror.
En cada nervio, la explosión inicial.
En cada átomo, solo división.

La tenebrosa verdad del tiempo.
El secreto íntimo del dolor.
Una génesis sombría
que nos dio a luz.

Insignificancia, torpeza.
Lo invisible al corazón.
Darse cuenta de lo oculto
y vomitar el llanto
de los mundos exteriores.

De cristal, nuestra risa.
Nuestras casas, de cartón.
Y el valor de cada uno
en la carga de un electrolito.

El amanecer de mañana.
Lo sórdido de esperar.
El tallo de la hoja
en una dalia que no floreció.

No son nuestras vidas
más que cuentos en una galería.
Una hierba nueva
en el jardín de Dios.

Somos solo
elipses alrededor del sol.

Ángel Gabriel Ro

Se despidió en invierno

28
Crónicas de un suicidio

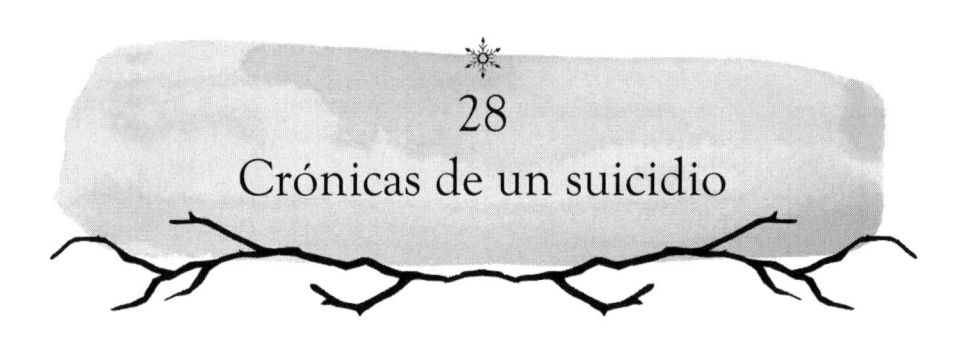

Habíase en una casa repartidas mil personas.
Unas tantas en la cocina,
otras más allá en la sala,
y aquellas en el cuarto,
y aquestas sentadas a la mesa.

Las últimas discutían sobre política.
Y, entre derecha e izquierda,
el país perdía el equilibrio.
¡Y todo por culpa del maldito gobierno!

Frente al recalentado de anoche,
dos padres barajaban surrealista decisión.
Pagaban la renta, el seguro
o la comida de sus tres hijos.

El tío enfermo en una habitación
se quejaba de sus dolencias
y su madre, ya anciana,
bajaba la fiebre a son de plegarias.

En la biblioteca de la familia,
los libros soltaban fantasmas
y se torturaban mutuamente
recordándose el pasado.

Fugaz, como una estrella,
titilaba averiada la luz del garaje,
dejando ver dos bultos refugiados
que escaparon de las guerras.

Una madre borracha hasta la náusea
lloraba frente a la televisión
y le contaba, en voz baja, a su botella
cómo le jodía escuchar al marido y su amante.

Un marido y su amante hacían a oscuras el amor
en la recámara contigua, que era de visitas.
Más tarde, escaparía ella de puntillas
sin dejar rastro, buscando perdonarse.

El hermano mayor se escondía en el ático.
No encontraba empleo y su novia lo dejó.
Esa perra no quiso escuchar sus excusas
cuando lo descubrió besándose con un buen amigo.

Bajo la ducha fría,
un niño tiritaba de dolor.
Sufría un quererse a destiempo
y lágrimas negras tintaban su alma.

Y así, pues, que eran tantas
las gentes con sus dilemas
que la casa terminó
pegándose un tiro en la cabeza.

Se despidió en invierno

29
Víctima

La encontraron muerta
a plena luz del día
en su habitación
del piso de arriba.

¿Quién es la víctima?
¿Quién es la víctima?
Se preguntan todos
quién es la víctima.

No desesperen, mis señores.
Que no hay caso en alarmarse.
Muchas nacemos sin vida
antes de que podamos entenderlo.

Yo dejé de ser su niña.
La muñeca que tanto le gustaba.
Dejé de ser su mujer querida
y perdí de un día a otro toda mi gracia.

Ya no merecía el respeto
que nunca me tuvo.
Dejé de ser amada
cuando me descubrí atrapada
en una vida que no era la mía.

Tener las agallas de querer cambiarlo
fue cortarme las alas dentro de la jaula.

Me hablaron de algo que yo desconocía
y me mostraron una mejor versión de mí.

Desde entonces soy la otra.
Una intrusa que vive solo en mi mente.

Soy la costilla rota
que induce al pecado.
La que tiene la culpa
de cualquier destierro.
Soy la manzana envenenada,
la princesa que la come,
y la jodida bruja que quiere su cabeza.

El revés de la historia.
Una sombra que acompaña.
Soy el alma de una casa
a la que el amor nunca regresa.

De repente,
soy un paréntesis.
Un puede ser.
La excepción de un discurso
que no fue hecho para romperse.
Mucho menos
para abrirse por mí.

Soy una cifra desactualizada.
Una notica sensacional que se acompaña con café.
El suspiro corto.
La pausa larga.
El horroroso caso
que la justicia no esclarecerá.

Soy todos los llantos
y soy mis hermanas.
Soy las calles que arden
en rabia y desesperación.

El desconsuelo de las madres que siguen buscando
y el deseo de decirles que estamos todas bien.
Soy el grito que resuena por las marchas
entre velas que se enfrentan a esta oscuridad.

Se despidió en invierno

Un revoltijo de carne y piedras
en algún descampado perdido.
Una falda enganchada en los alambres.
La sangre desbordándose dentro de alguna maleta.

Soy las tripas y los gusanos que me devoran.
La masa putrefacta que ya no encontrarán.
La luz de la linterna cuando es demasiado tarde.
Soy la noche y la lluvia que no les dejan trabajar.

Soy eso que se rompió al darse cuenta
que la ecuación era la misma
y que siempre acababa perdiendo yo.

Prometió acariciar con el pétalo.
Al final, solo la espina me alcanzó.
Y se me quedó clavada tan dentro
que no la sobreviví.

No me preocupaban más
los monstruos bajo la cama
sino aquellos que se dormían
al lado mío.

Entonces entendí.
«*Hasta que la muerte nos separe*»
tiene dos formas de leerse
y solo una acaba bien.

Tener las agallas de querer cambiarlo
fue cortarme las alas dentro de la jaula,
sin arrepentirme.

Supiste que no era tuya,
que no lo soy
y que no lo seré.

Lo único frágil en mí
eras tú.

Ángel Gabriel Ro

¿Quién es la víctima?
¿Quién es la víctima?
Se preguntan todos
quién es la víctima.

No hay sorpresa, mis señores.
Dejen que se lo digamos otra vez.
Que la víctima es nuestra esperanza
y el asesino, su indiferencia.

Son todos ustedes
aunque no lo quieran ver.

30
El chico aventurero del barrio

Ya me contarás
si más allá del mar llorado
hay algo que no sea solo desprecio,
si los barcos no se caen por los bordes
o si la crueldad los traga y los escupe al otro lado del universo.

Detenerte nunca pudo nadie.
Eras el chico aventurero del barrio
y todos lo sabían.

Se queda grabada
y presa para siempre,
en la luz dorada de este atardecer,
esta inercia de rutina
que no nos deja despedirnos.

Momento de zarpar.
¡Que despejen la vía y que leven anclas!
La ciudad no te va a extrañar.
En cambio, yo...

Por el telescopio, en el horizonte,
sé que solo divisas siluetas de sueños
y la paz de amar.
Llegar donde ya no hay calma,
donde los suspiros cantan
aun si nunca tuvieron voz.

Momento de zarpar.
Nuestras horas en la proa y el timón todo a estribor.
Tampoco tú vas a echar de menos este lugar.
En cambio, yo...

En cambio, yo,
que creí en el tiempo.
Yo que tracé un mapa para los dos.
Yo que, en bosque que nos perdimos,
fui brújula y sendero.
Que viajé con mis anhelos
para atraparte el sol.

En cambio, yo quedo
con las ruines promesas del destino,
sangrando sobre la arena,
anclando mi vida, de malherida gaviota
que migra sin punto fijo
y, aun pudiendo escapar, elijo
soportar pena y condena.

Mi imprudente soberbia
te despide triste con un pañuelo
y deja que se lo lleve el viento,
esperando que aterrice en tu almohada
y que al despertar mañana
decidas, por fin, volver.

¡Adiós al odio que se me va en ese barco!
¡Adiós a mi cordura que también con él se fue!
¡Adiós, recuerdo de mi fallecido amor desterrado!
¡Adiós, adiós, chico aventurero del barrio!

31
Escorpiones

Me caminan por el cuerpo
escorpiones
y clavan sus aguijones
en las partes que más duelen.

Me susurran cosas que nadie más escucha
y entran en mi boca buscando calor.
Mi esqueleto rígido no se opone.
Los escorpiones dominan en mí.

El peligro es un perfume ocre
que sudo por las noches
y las horas un desierto
de animales muertos y espejismos.

El miedo es un impulso
que mueve a los cobardes
y conmueve a los viajeros
cuando cruzan este lugar.

Artrópodos dorados
caminan sobre mí.
Tendido en esta oscuridad,
mi cuerpo es un instinto de muerte
con cuatro pares de patas,
dos tenazas
y solo un aguijón para defenderse.

32
En las alturas

En las alturas,
en la cima de mí mismo,
busco, del centro, el centro,
la parte que nunca se nombra,
la mitad de lo que falta,
el recuerdo de lo que nunca pasa,
un pozo sin fin que se desborda.

El aire me corta la cara.
¿Qué es el hombre sin su vértigo?
De tanto temer al invierno,
aprendió a esperarme esta montaña,
carcomida entre el paisaje de aquel mal olvido.

Si, de pronto, me devorase
aquel oscuro enemigo,
que tanto se ha fortalecido
bebiendo en vicio mi sangre.
Si me atrapara el demonio peregrino
y me devolviera a mi tumba de un golpe,
y no soñase más el hombre
con escapar de ilusiones extrañas.

¡Qué convincente lección formarían entonces
las indomables dunas de los desiertos!
¡Qué árido dolor iba a alojarse en el pecho
cada vez que me desafiara de nuevo el sol naciente!

Y ahora, altiva, mi vista
se cierne gris sobre el horizonte rocoso.

Nací en el nido de las águilas.
Me abro paso por dónde quiero.
Es mi grito a los cielos
lo que Moisés a las aguas.

Resistencia y poder.

Desciendo.
Caer en picado es dejarse morir
y resucitar antes de llegar al suelo.
Confiar, a ojos cerrados
en el falaz instinto,
como si en medio declive no me fuera a traicionar.
Es encomendarse
al líder nato que no conozco.
Verle desde la otra parte,
abstraído.
Abalanzarse sobre la presa
inerme, huérfana de fuerza,
y, a esa proyección de la conciencia,
clavarle las garras
antes de volver a alzar vuelo.

Acaece mi sombra libre
por los acantilados.
Se detiene en los barrancos
a ver tempestades nacer.

Si te preguntas por mí,
si algún día no me encuentras,
no esperes que aparezca.
Toma voluntad y encuéntrame.

Vivo
en las alturas.
En la cima de mí mismo.
Donde siempre he vivido
y por siempre viviré.

33
Pasadizos (La otra calle)

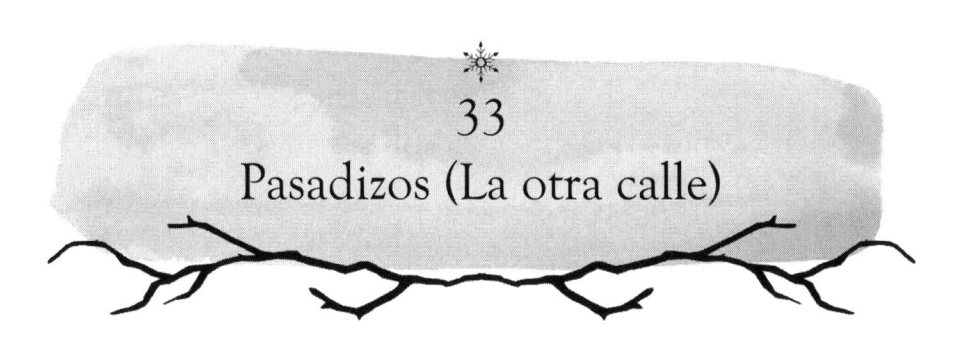

Larga y silenciosa era la calle
por la que nadie caminaba conmigo.
Detrás de mí, siguiendo mis pasos,
solo la locura negra tropezaba,
pero no se caía.

Bajo mis pies presurosos,
recreábase una suerte de fábula oculta
que quien vagó antes de mí por este mismo poema
no supo verla
o no la quiso escribir.

Las formas no solo se repiten una detrás de otra.
También se suceden a sí mismas, pero del revés.

Debajo de lo que está debajo,
hay un enredo frío de interminables pasadizos,
que tuercen sobre sí y dan con otros aún más largos.
En unas lenguas mudas,
hablan de los absurdos totales las serpientes,
esquizofrénicas extensiones escamadas de la mente y el azar.

Son como unas catacumbas sepultadas en lo que no puede
/alcanzarse,
donde cumplen penitencia los más innombrables espectros.
Y se burlan a tus espaldas, cuando no los escuchas.
Y a veces silban por las esquinas en un tenso lamento.

Es un pandemonio de insoportable sosiego eterno.
Un sepulcral silencio que se confunde con olvido.
Y en él deambulan almas, a pedazos,
entre el rumor nostálgico de los gatos dormidos.

Infinitas intersecciones, dobleces que son cruces.
Una cárcel de concreto sin celdas.
Disimuladas en sus paredes, las palabras se tachan
y cuando huelen sangre reordenan sus sílabas.

Como hierros, se funden las pisadas por la noche.
A veces te adelantan sin que te des cuenta.
Y estás lo más solo que has estado nunca.
Y estás lo más solo que ha estado nadie.

Es un mito ancestral que se pronuncia en reversa.
Una ausencia perversa de fuego y verdad.
El maleficio que se te abre paso dentro,
como un letal veneno que necrotiza el corazón.

Es el final de una canción que queda en suspenso.
Una turbada realidad que te rebasa erizándote la piel.
Es un no mundo deforme, maldito y lúgubre,
engendrado en las entrañas de lo que nadie ha nombrado.

Y así, en esos pasillos desolados,
van perdiéndose de a poco los espeluznantes ecos de la propia voz.
En el llanto de las cadenas se despiden los engaños
que a veces te ruegan que los dejes marchar.
Que a ti ya no pueden ayudarte.

Con sus rostros amables te piden libertad,
hasta que descubres que estás solo.
Lo más solo que se puede estar.

Y allá arriba,
es una calle larga y silenciosa
por donde nadie camina.
Y larga y silenciosa es la otra calle
por donde caminan los dos.

34
El teatro de las lechuzas

La luz confunde mi silueta fantasmal en el escenario.
Tremulosos los nervios se encaracolan en la disonancia.
Las tablas chirrían aun si nadie las camina.
Estoy a punto de abrirme como un villano de espaldas.

A punto de predecirme, con palabras, el futuro.

Por los barrotes me respira el corazón encarcelado.
Un vicio a la vida que se da en la lejanía.
Apartado, triste, desolado, roto, frágil, insensato,
y quizás un poco tonto.
Nunca soñador.

De pronto, sus cuchillos
casi rozan mi garganta.
Un mar de antifaces blancos.
Poetas aguileños
con sus colmillos falsos.
Endemoniadas miradas que espectan.
Expectantes espectan sus miradas.
Yo no me pronuncio ante esta audiencia.
Ni ante ninguna.
¿Para qué, si llevan en el pico
un centenar de plumas?

Su juicio me atraviesa como un arpón que cruza sinos.
Mis pausas sangran por la boca.
Sus murmullos me asfixian en desidia.
Este oculto concilio nocturno
sacrificará mis silencios diurnos
sin dejar de aplaudir.

Se despidió en invierno

De pie, las palmas me exilian.
Tiemblo un poquito, pero me compenso.
Dibujo reverencias.
Cierran las cortinas, el telón es mi pretexto,
y yo vuelvo a colocarme la máscara.

Circulan las lechuzas este teatro.
Las lechuzas de este teatro me circulan.

35
Hablar con el agua

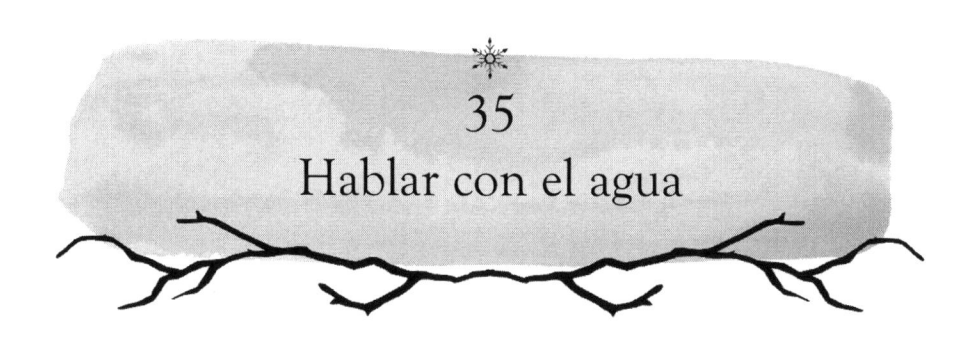

No soy yo
el que se resguarda en códigos.
Mi voz jamás se encripta.
Yo no veo esos mundos.
Ni ellos a mí.

No soy yo
el que rebusca en lo secreto.
Yo no camino inconsciente
ni abro misterios
que no sé cerrar.
Tampoco los balbuceo.

Mi enigma, aunque irresoluble, es siempre claro.
Me observa meridiano a través del cristal.
Sus faroles vomitan verdades sencillas.
Su estómago reabsorbe lo que falta de eximir.

Esotérico el indulto que perdona mis luces de alerta.
Insondables como el océano las palabras de lo ajeno.
No soy yo ese que se sumerge en vernáculos alternos.
Soy el que apuesta romper con lo inexplorable.

Y llora, porque no sabe hacerlo.

36
El alma partida

Ya no es el alma sola.
Ni palacios escondidos.
Ya no castillo interior.
En cambio, lugar en ruinas.
Reguero de polvo y nada
en cumbres que se abren al errar.

Nómadas deseos de echar raíz
caminan quejumbrosos por el rosal,
de cabeza,
colgando de una arteria
que emula tallo en tierra de nadie
sin pasado y sin
porvenir.

Ambarinos ojos del otoño.
Esqueletos preservados.
Esas pupilas negras, tan negras.
Y ese cuerpo blando, tan extraño.
¡Ojos velados por el tiento magistral!

En cambio, lugar en ruinas,
decía.
Demolidas emociones.
Sepultado el impulso que alguna vez
tiró de mí sin mucho ímpetu.

Dejé ser al viento lo que no quise que fuera el vuelo para mí.

Me retoma una exhalación
del invisible espectro
que permanece de pie.

Una morada que, desde el suelo,
finge sostenerse,
negándose a caer.

Ya no es el alma sola,
sino el alma partida, quebrada.
Ya no desahuciada, desierta.
Ahora irremediablemente rota,
desmembrada e impedida
de cumplir otro ciclo,
de vivir otra vida,
de morir otra muerte.

Incapaz, la más de las incapaces,
de hacerse estiércol.
Lo construido y reforzado
jamás se deshace.
Es poco menos que un artificio,
una mentira, un enjambre
de peligrosas dagas que revolotean.

Pósese en mí su reina.
No queda castillo ni feudo.
Solo servil arrepentimiento sin maestro,
colmena de agujas envilecidas.
Ya no el alma azarosa.
Ahora, alma partida.

37
Te cumplí

Me vi
vestida de futuros incompletos.
Con una larga duda blanca ceñida a mi piel
y el cielo de un lejano quince de enero
que nevaba sublime sobre mí.

Indefensas, al fondo,
mis lunas bailaban una guaracha.
Las pálidas rosas en mi pelo
desprendían cierto hechizo.
Desesperaban por besarme
tus recelos más internos.
Conocía esos ojos que no podían mentirme.

Saber decirte sí.
En la dicha y la desdicha,
en la abundancia y la carencia,
en la salud y la dolencia,
hasta que la muerte nos divida.

Dividir, por la mitad.
Que jamás separar por el centro.

¡Oh, qué hermosa era
la vida llena en lo alto de la noche!
¡Oh, cuántas de esas estrellas
iban a brillarme dentro!

Soy la misma que cogió tu mano.
La que asumió posible amor perpetuo.
Sin intimidarme, salté del puente a besar tus pasos.
Devota, loca, silente, amante, mujer de tacto verde.

Vimos fugaz lo cotidiano.
El día a día del sol en un bostezo.
Nos crecieron en la orilla amarguras
de odiar a partes
lo que adorábamos entero.

Así las cosas.
Así nosotros.
Siempre nosotros.

Y de pronto avancé un poquito,
pero el tiempo rebasó violento.
Y aunque seguí latiendo entre tus manos,
me fui apagando en tu recuerdo.

Te noté extraviada la vista.
En tus ojos, el invierno.
El sonoro aplauso mudo del teatro
y el último aliento en tu pecho.

Besaré siempre tu frente.
Te guardaré en mi lado izquierdo.
Soy la misma que cogió tu mano.
La misma que tanto va a echarte de menos.

En esta última flor que te dejo,
pongo cada día que fui feliz.
Ofrendo todo lo que nos dimos
y llorando, me despido,
pero sonrío para mí.

Te cumplí, mi amor.
Te cumplí.

Se despidió en invierno

38
Cuestión de instinto

He desaparecido
sin dejar rastro.
Ya no vaga mi alma
por el mundo de fuera.
Ya no me avistan desde lejos
ni se cruzan conmigo.

He desaparecido.
Me he esfumado como un mal sueño.
Ninguna sombra sigue mis pasos.
No estoy entre los rumores del pueblo
ni me escuchan en la plaza
vendiéndole a la gente
retazos de la revolución.

Y un cartel
que lee: «*Se busca*»
me devuelve la mirada
desde un poste de luz.
Dice que he desaparecido.
Se asemeja a mi cara,
pero ese no soy yo.

Ni las palomas de la catedral
ni las orugas en los rosales.
Nadie sabe qué pasó conmigo.
Con el tiempo habrán olvidado
que un día me buscaron
sin dar con mi destino.

La puerta de la habitación
permanece cerrada.

No quiero que nadie entre.
Y tampoco voy a salir.

Agradezco que vengas a buscarme.
Sé que puedo contar contigo.
Pero aquí dentro ya no hay sitio
para más gente perdida.

A veces me refugio
en desaparecer,
como las cosas que se ausentan
cuando no las miras.
Ojalá pasaras por alto
que ya no estoy aquí.

Está en mi naturaleza
poner distancia.
Si me aíslo, me aparto,
si reservo mi espacio,
es una cuestión de instinto.

A veces huyo.
Escapo, me escondo.
Me marcho, me voy.
Me retiro.
Y me oculto.

Y no siempre tengo
intención de volver.

A aceptarlo ya.
He desaparecido.

Que el mundo puede sobrevivir
un rato más
sin mí.

39
La ventana del noveno piso

Cuando todo amanece en serenidad
y estás en el pasillo de un agonizante edificio,
sentado contra la puerta 905,
entiendes que hay días que no despiertan.

La esperanza también es una mariposa
que pasa fugaz delante del cristal.
Y se esfuma sin acercarse,
pretendiendo, nerviosa, que no me ve.

Si pudiera soplar mi miedo
para revivir la luz que extingues,
¡qué no daría yo!
Apostaría lo que tengo.
Prometería lo que no.

Todo sigue sucediendo, aunque no puedas saberlo.
Cambio tus flores a diario,
te beso las manos que siempre me cuidan
y espero paciente tu bendición.

La línea de la vida va quedando quieta.
Lo estable jamás supuso tanto desequilibrio.
Y sostengo en mi ánimo tus latidos distantes,
riendo con tu risa que también se apaga.

Los pasos, la gente, las pláticas ajenas.
El ir y venir, salir y entrar, bajar y subir.
Hablar con uno y con otros.
Escuchar a otros hablar por uno.

Se despidió en invierno

Actuar en tu ausencia es caminar por el mundo
como un animal desorientado.

No sueltes aún mi mano, por favor.

Ojalá te viera escapar de esta cama
donde convalecen nuestros planes.
Mi graduación, los boletos del viaje,
cada serie que nos quedó pendiente.

¡Ya, arriba! Te lo pido.
Que tenemos una vida que hacer.

Ojalá esa larga aguja
suturase mis ilusiones abiertas
que se desangran sobre las palabras
de una conversación que acabó en suspenso.

Ojalá recuperar a medias
todo lo que hemos perdido.
Me conformo con solo un poco
de lo que no va a regresar.

Y tú, como un suspiro
que entra despacio en mis pulmones,
me limpias por dentro
en un pasivo huracán.

Cuando estamos solos,
me hablas de comprender misterios,
de perdonar al tiempo,
de sanar y aprender.

Te vuelves todo fuerza
y la sabiduría del universo te pertenece.
Escucharte se vuelve un dardo
que tranquiliza el caos interior.

Y me haces prometer cosas
que no quiero cumplir.

Al tiempo, te confieso
lo que sé que querrías escuchar.

Si lo aceptaste tú,
haré lo propio.

Pero ahora solo soy ese niño pequeño
que saluda desde el estacionamiento
hasta tu ventana
y que cree, con fe inamovible,
que ya te vas a poner bien.

Se despidió en invierno

40
El campo, la familia y Puerto Rico

Fue la tarde, estoy seguro,
en que entró a mis pupilas la luz del mundo
por primera vez
cuando le juré fidelidad de escudero,
de siervo, de esposo, y de hijo
al campo que me vio nacer,
a la familia,
y a Puerto Rico.

Yo llevo muy dentro la tierra.
Y fuera, en la piel que la lluvia deshace.
Y en estas palmas que la complacen
cuando se maltratan al tantán de la plena.

Esta nariz, ¡qué ancha!
Me la pasaron por herencia.
Una marca como estrella
que tira siempre pa' casa.

La perla magna, dulce doncella,
a mí me cedió su impávido brío.
Como los indios al bohío,
la sentí mi Fortaleza.

Tres cosas que son la misma.
Un sentido de compromiso.
El manantial resentido
que en la infancia bautiza.

Soy esa diminuta islilla,
cautiva en el vaivén de los mares,

que aun con sus pesares,
teje entre las olas sus melodías.

El baile de sus palmeras.
El misterio frío de sus valles.
Los adoquines de sus calles.
Soy el peso de sus cadenas.

El cañaveral, los cafetales.
Sus picachos y montañas.
Sus parroquias y sus plazas.
Por mí desfilan sus carnavales.

Soy la brisa tropical.
Matas de plátano que arrullan.
Un coquí a luz de luna.
Soy septiembre y su humedad.

La alegría de su gente
me inunda, sale de su cauce
con la fuerza del Río Grande
en Loíza cuando crece.

La desfachatez métrica del poema.
Esa rima dulzona, un tanto mediocre.
La torcida línea del horizonte
en el cuadro de mi jíbara torpeza.

Será en la tarde de un invierno crudo
cuando entre a mis pupilas la luz del mundo
por última vez.
Y, sin un quiebro en la voz, diré:
soy Puerto Rico,
soy la familia
y soy el campo que me vio nacer.

41
El último baile

Una tonadilla añeja inundó el espacio entre nosotros.
Y en respuesta a su salto torpe, se quejaron las rodillas.
Extendió la mano con gentileza a su señora
y empezó a moverse con determinación.

Mostraba en su sonrisa la confianza
de quien está seguro de lo que hace,
como quien lleva tiempo ensayando a solas
su gran número final.

Y entonces,
coincidió su silueta
con la línea que trazaban los pies
de su propio recuerdo
atrapado en una botella de ron.
Y en el vidrio, reflejada,
la espalda de alguna chica
que olvidaría demasiado pronto,
con demasiada prisa
como le gustaba vivir.

Dos pasos atrás
y entró a la boda del mayor de sus hijos.
A su nuera, le contaba un chiste en medio del vals.
Ella reía a carcajadas y él veía sobre su hombro
a sus nietos correteando por debajo de las mesas.

Fueron dando giros
hasta colocarse en el centro
y llegaba justo en medio de alguna graduación.
Abrazó a su hija, la cabeza contra su pecho,

sin romper la cadencia que impulsaba su viaje.
Dejó que escuchara la música de sus latidos.

Cayó al suelo su vista.
Sus piecitos desnudos pisaban
sobre los de su santa madre,
que le agarraba las manos y lo movía,
enseñándole y cuidándole
para cuando se hiciera mayor.

Y fueron así
entrecruzándose las líneas,
las memorias y las fantasías,
que desfilaban en desorden
dentro de una gran fiesta
donde se quedaban a vivir.

Rodeó la cintura de su pareja.
Se vio en sus ojos con el pasado detrás.
La apretó más a su cuerpo
en un vaivén que agradecía
cada minuto de alegría
que no pudo devolver.

Alzó la mano para darle vueltas,
presumiendo a su doncella por última vez.
Y en plena rotación, dejó ver ella sus alas negras.
Con su rostro blanco hueso, lo miró compasiva.
Se acercó a su oído, y despacio susurró:
«*Esta y nos vamos*».

Bailó con sus errores,
con sus aciertos, con su perdón.
Bailó con el dolor que hace tanto conocía.
Bailó con la ausencia que iba a dejarnos
y bailó con las anécdotas que quedaban detrás.

Su ángel marcó el ritmo
y meció su alma en una curva sin fin.
Con la rosa muerta en los labios,

Se despidió en invierno

besó su mejilla,
cerrando los bucles,
acabando la función.

Y desde entonces, cada nochebuena,
su fantasma da vueltas por la terraza,
atrapado en ese último baile
que, halagada, la vida le concedió.

42
Globo aerostático

No lo saben mis miedos,
pero cuando dejan de mirarme,
despego de la planicie verdosa
en un globo aerostático.

Desanudo el peligro
y comienzo a elevarme, como en una buena racha.
Me hacen cosquillas las corrientes de aire
y suelto una risa de chiquillo,
cierta armonía inocente e infantil
que me recuerda
a qué suena ser feliz.

Desaprendo de los dilemas.
Reconozco gracia en existir.
Son ahora aves de paso.
Las tormentas de mi cabeza
soplan siempre a mi favor.

Aquí arriba hay otros tantos globos.
Colores sobre colores.
Salpican como manchitas el cielo.
Y el paisaje se vuelve algo que se parece mucho
a la alegría.

Se materializa tras de mí
una señora benevolente.
Me abraza por la cintura
y nos mecemos con sutileza.

Somos juncos que bailan
a merced de la tarde.

Me habla con rimas,
como quien sabe aliviar
lo que pesa demasiado,
o quien ha aprendido
a desobedecer más de la cuenta.

Aquí arriba, las nubes
huelen menos a lluvia,
saben más a sueños
y al tacto parecieran
fáciles de cumplir.

Fáciles de cumplir.
Tan fáciles de cumplir.

En determinado ángulo,
como si fuera cosa de situarse,
lo verde se amarillenta
y se llenan de trigo las llanuras.
Cercadas por montañas,
ruedas y escaleras,
carrozas que tienen rumbo
y chimeneas que les aguardan.
Con suma devoción, aguardan.
Las casas siempre esperan.

El pajar se tragó mi zozobra.
Nadie de aquí piensa bajar a buscarla.
Ahora solo pensamos en la cosecha
y en el pintor que la supo labrar.

Esta parte del mundo,
la mujer a mi lado,
los globos que flotan,
aquellos niños a la distancia,
las colinas doradas,
el ladrido de un san bernardo,
la quietud del tiempo,
desajustar las exigencias,

sobornar a conciencia la amargura,
querer ser más y conseguirlo,
querer ser menos y no negarlo,
la firmeza de lo que no se esconde,
la abrumadora autenticidad de lo que se oculta,
el canturreo de mi abuela,
el martilleo de mi padre,
caminar por otro espacio,
abrazarse sin permiso,
me susurran su nombre al unísono.
Dicen llamarse todas Felicidad.

No lo saben mis miedos,
pero cuando dejan de mirarme,
despego de la planicie verdosa
en un globo aerostático.

Y con los dedos alcanzo
sueños fáciles de cumplir.

43
Mi madre perdió a su padre

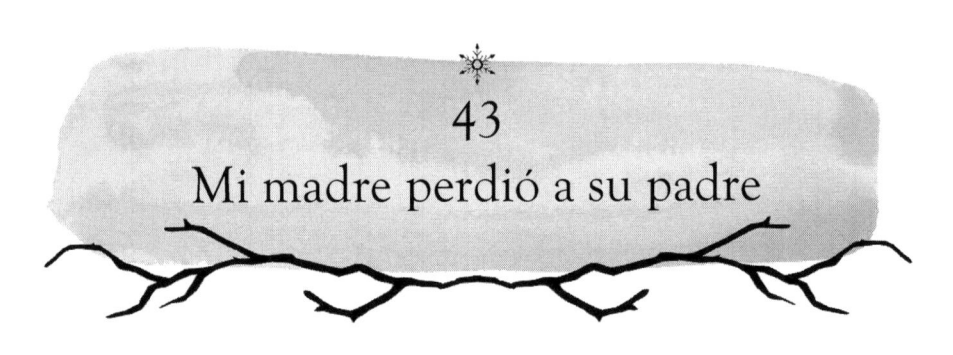

Mi madre perdió a su padre,
me repito a mí mismo
en una esquina de la habitación,
tal como haría un niño
con la palabra que no entiende.

Mi madre perdió a su padre
y ya nunca será la misma.
Me la han dejado con una herida
que atraviesa de la memoria al corazón.

Mi madre perdió a su padre.
No imagino tal suplicio.
Será un desconsuelo en torbellino
que no desaparece.

Mi madre perdió a su padre
y, aunque aparenta ser muy fuerte,
a gritos dicen sus ojos
que le van a faltar formas de llorar.

A veces, me gusta asimilarla al árbol
porque tiene madera de calidad.
De la que tocas para espantar la mala suerte.
De la que resiste el paso de los años,
la inclemencia del tiempo y la fauna circundante.
De la que en ocasiones se agrieta,

pero jamás se dobla

y sana.

Hoy el árbol se marchita
y regresa a ser un joven tallo
que se encorva buscando vida
en el terreno más inhóspito.

Vuelven a ser sus lágrimas el rocío
y caen hasta ese seco suelo
que a sus raíces se resiste,
como obligándola a moverse.

Florece la amargura en su mirada.
El verde de la hierba es cada vez más azul.
Y aun si la primavera esparciera sus flores,
ya no percibiría el color del mismo modo.

Mi madre perdió a su padre.
Y en algunos días,
según el clima,
parece que yo los perdí a los dos.

44
La ventisca y el zorzal

Han comenzado a desnudarse
las venas que atraviesan mis manos,
como las ramas en invierno, del cedro de antaño.
Se me han marcado risas en surcos
cerquita de los ojos
y la piel hace nuevos dobleces,
queriendo evitar, sin éxito,
que el tiempo la salpique de manchas.

Se me han helado las pestañas
que esperaban pacientes la ventisca.
Cristalitos geométricos me entrecierran los párpados
y azules van volviéndose mis labios en esta tempestad blanca.

Una corona de estalactitas pesa ahora en la cabeza.
Heredera de la nieve que reluce en mi pelo.
Y, tiritando, se deslizan por el hielo
todos los recuerdos que, a ausencia de luz, se me han congelado.

Cuando el calor falta, cuando va la vida bajo cero,
y camina, de puntillas, afilado el frío por el alma fragmentada,
el viento gélido de la edad te sopla en la cara
y en el vaho que deja dibujas tu destino.

Y entonces cruza hoy un zorzal con su trino,
dejándome sombra clara en el rostro tan pálido,
despertando una llama solemne, casi extinta,
que de repente grita y arde tan vehemente.

Se sacude como un lobo viejo
mi espíritu ya por tiempo adormecido
y los años se vuelven escarcha a contraluz.

Mis nervios entumecidos se abandonan
y mis acalambrados dedos bailan de nuevo en la brisa,
atrapados por una dulce canción de soñar.

Ya no hibernan mis latidos.
Corre sangre nueva, vibrando de ansia.
Mi semblante glacial se desarma
y se derrumba en el suelo.

En el templado espejo que se forma en el aire,
renace una mujer distinta,
despojada de crueles tristezas,
y a gritos me confiesa:
«*¡Estoy llena de vida!*».

Yo le tomo la palabra.

Me queda vida.
En mí, el Amazonas aún tiene aliento.
Al Atlántico le queda bravura.
Y en Europa todavía vuelan las mariposas.

Me queda vida.
En el bostezo de un torrente de energía sin frenos,
van despeinados mis cantares,
mis alegrías y mis gozos,
como chistosos marineros que improvisan
llevar este barco a buen puerto.

Todavía no me voy.
Yo me quedo un rato más.
Me prendo del último suspiro de la mañana
que pasó y me sonrió.
¡Qué bonita estoy!
¡Cuánta luz hay en mí!

No vuelvo a olvidarme.

Me queda vida.
Para pasar épocas frías y cálidas.
Para saludar a las aves
y escuchar los ríos.
Para mirar los montes,
hablarles
y sentir que responden.

Me queda vida.
Para vivirme a mí misma.
Y mientras eso no me falte,
nada más será importante.
¡Viviré, viviré, viviré!
¡Viviré con la fuerza de estar viva!

45
Visita de un demonio

Resurjo desde lo profundo.
Me desentierro.
Piso descalzo sobre el terreno árido.
Ya adivinaste quién soy.

Tiemblas frente a mi rostro.
Te estremece cada nervio de la piel.
Y en la llama que arde en mis pupilas
te ves quemándote eternamente.

Soy un viejo amigo.
El que carga la luz.
El adversario que cayó
para hacerte compañía.

Sabes leer mis labios
en esta lengua muerta
que solo hablamos
los que osaron desterrar.

No es lo que digo lo que debes entender.
Este es el juego de comunicarse
que separa al letrado del analfabeto.
Soy el doble de las cosas.
El poema que no sabes leer.

No soy lo que digo.
Soy solo lo que digo ser.

Un rompecabezas.
El acertijo.
La coincidencia que parece indicar algo más que casualidad.

Se despidió en invierno

La sospecha.
La cruz invertida.
De la corona, cada espina.
De la lanza, la sangre.
Y de la muerte, el rencor.

Soy la marca de la bestia
y el bautismo que la borra.
El pecado original de un ángel
y su primera comunión.

La inocencia de un niño
que lapidó a su abuela.
Y el amor paternal
dispuesto en sacrificio.

La zarza en llamas.
El letrero del camino.
Soy el pueblo migrante
y su tirana opresión.

Una nube de cuervos.
La luz del túnel,
el tren que la apaga,
la penumbra infinita.

El fin y el inicio.
Los extremos y el centro.
Todo lo que hay en medio
de dos orígenes distantes.

El mundo de cabeza.
Los cielos del averno.
El llanto de los muertos
que no encuentran absolución.

Un susurro a medianoche.
El escalofrío que te hiela.
Soy el trasfondo oscuro
de una historia sin contar.

Mi piel, páginas antiguas.
Una biblioteca que se quema.
La hecatombe más horrible
que un loco imaginó.

Me paro delante
y en mí solo ves semejanza.
Las mismas torceduras
en los mismos sitios.

Reconoces parentesco
en estos cuernos que se curvan,
en mi macabra esencia,
y en mi modo de engañar.

Frente a frente,
somos un espejo roto.
Una maldición sin alma
que nos besa a los dos.

Un cruce de estelas
que se intersecan en la noche.
La colisión de nueve esferas
que entre sí se atraen.

Dos líneas que avanzan
en dirección opuesta
y más tarde se encuentran
en el punto de partida.

Somos las dos islas.
La que se hunde y la que emerge.
Sobrepuestas.
Sucediendo justo a la vez.
Divididas en mitades.
Reflejadas sobre el mar.
Olvidadas en el fondo.

Cada cuenta pendiente, somos.
Una deuda que nadie quiere.
El siniestro anciano y su pacto.
Dos tragedias que coinciden.

Somos una larga espera.
Las siluetas que bailan en el ocaso.
La fuerza crepuscular de los dioses
y su sed de venganza traidora.

El desquite de los años.
Un epitafio cruel.
Temibles huellas de pesuñas
en la gravilla de un camposanto.

Ya no quieres seguir mirando
dentro de tus propios fosos.
Percibo en tus latidos
el pánico de enloquecer.

No logras conmoverme.
Soy la atrocidad que tanto asquea.
Todo el odio que te guardas.
Cada herida que falta por cerrar.

Soy el encuentro contigo mismo.
La verdad que más te aterra.
El demonio que más te inquieta.
Y me llamo Contradicción...

46
Triste navidad

Triste navidad.
Ya silba el viento que te echa de menos.
Le haces falta a esta época.
Y entre sus manos, arrulla el frío
mi añoranza que se estremece.

La blancura de mis días
se ha convertido, quizás, en cárcel.
Quizás, en camino.
Quizás, en vuelo
que no consigue aterrizar.

Tal vez en uno que no regresó...

Donde debería haber alegría,
solo aguarda resignación.
Los villancicos son el canto triste
de una promesa que se quebró en los labios.

La nochebuena fue un susurro
en medio de una paz violenta,
como una helada tormenta
que sin piedad nos atravesó.

Triste navidad.
Ya cuentan los ángeles que te echo de menos.
Que no era secreto, responden las campanas
y llorosas apagan la música en mi impasse.

Este tiempo se me ha vuelto absurdo.
Y mientras me lo digo,

Se despidió en invierno

se comen a besos bajo el muérdago
la tinta y el papel.

Quieren escribirte una carta.
Y me pregunto yo, ¿cómo?
Si mis dedos se extraviaron
hace mucho, mucho rato
tirando de las agujas de un reloj.

La flor de pascua viste más roja y radiante.
El cardenal es sangre de un pasado herido.
Y los adornos pierden el brillo.
Se apagan de a poco como la estrella de Belén.

La cuenta atrás no me acelera el pulso.
Esperarte se ha vuelto un gran salón de baile
y nochevieja es una fiesta vacía.
Solo acude la melancolía para despedirse de ti.

El año entra sin hacer ruido,
como si temiera despertarnos del sueño
donde sigue siendo un día antes de enero
y sigues estando tú a este lado de la vida.

Triste navidad, ¡tan triste!
Nos atrapó un aleph en su esfera de cristal.
Y aquí dentro nieva siempre.
Lo que daría por verte no lo saben ni estos copos,
pero lo sospechan.
Y por eso, besan con empatía mi piel.

Saben buscarte en el ayer,
abriendo sus alas con elegancia,
esquivando el granizo de estas tierras
tan hostiles con la libertad.

Triste navidad,
que sin ti sucede como una mentira.
Ya en la plaza no juegan los niños
y bajo mi arbolito

Ángel Gabriel Ro

amanece solo la nostalgia
que, en su breve, fugaz añoranza,
desespera por llorar.

47
Como un cañón

Como un cañón,
decías estar.
Fuerte, robusto
y presto al combate.

Aun si la hiedra
creciera, enredándote,
tu espíritu de hierro
nos sabría defender.

Dan las 14:47.
Menos de un cuarto de hora para el café.
En su aroma reviven tus costumbres,
como estatuas de piedra que se erigen de nuevo.

Te reconstruyo al pensar de prisa
en los momentos que dejaste aquí.

Te reconstruyo en los colores vibrantes de las cotorras
y en el escándalo que llevan cuando pasan volando.
En la brisa que sacude las flores del flamboyán
con la familiar violencia que fluye en las cosas bellas.

Un güiro y maracas pregonan ya la guerra.
Escribir es fuego abierto que hace frente al olvido.
Una formación de vanguardia que penetra directo
en el punto más débil de las fuerzas enemigas.

Como un fortín, resiste
el verde de las quenepas,
las piraguas de frambuesa
y los helados de la plaza.

Ponce reniega su deterioro.
Un veterano no deja de ser soldado.
Y, rugiendo, responde al llamado:
¡Presente!, con todas sus cinco letras.

En las cuerdas del cuatro,
Lares enreda su clamor,
que se altera y renace
en la voz de Lucecita.

Como espuelas del gallo,
afilada va nuestra ofensiva
con la fuerza certera
de un jab de Trinidad.

La táctica estratégica
de un juego de dominó.
Y las fiestas patronales
que celebrarán con regocijo.

Por la ruta del San Blas,
ya retumban los tambores.
Es el encanto de esta Isla
su artillería más pesada.

Son las cosas que adorabas
la más auténtica munición
para alzarse en armas por la bandera
que en mi pecho izaste.

Y mientras pasen los años,
tu recuerdo permanecerá
bajo la sombra centenaria de una ceiba,
platicándole a las olas
de este Viejo San Juan.

Y en mi mente siempre estarás
justo al pie del cañón.

Se despidió en invierno

Agradecimientos

Si sentirse agradecido
fuera dar un salto,
me lanzaría sin miedo alguno
y caería
de pie.

Agradezco, con el alma y el corazón, a los parientes y amigos que supieron sostenerme en el momento más difícil. Gracias por estar justo detrás de mis pasos y no dejarme caer.

Gracias a mis padres, Erika y Ángel, por amarme sin entender de condiciones o límites. Por darme todo cuanto tengo y —más importante— todo cuanto soy. Jamás podré saldar la deuda que supone tenerlos.

A mi abuela Mery, por amarme 72 veces más del millón que te quiero yo y por siempre hacerme espacio en tu mundo entero y soleado. Por regalarme todas las estrellas del 22 de septiembre cada vez que me miras y sonríes.

A mis abuelos, Virgen y Flor, por estar siempre, siempre, siempre. Si tuviera que definir el respaldo, los buscaría entre la gente y señalaría hacia su dirección. Son un abrazo que no acaba.

A mis maestros y profesores, por notar cierta chispa en mis tareas y animarme a no extinguirla. Me esfuerzo por no decepcionarles.

A la maravillosa ilustradora, Marina Krikotun, por traducir en una imagen la tristeza, el frío, la soledad y la reflexión que revisten este libro. Y a Valentina Talijan por darle vida a las páginas con su inmenso talento, por su entusiasmo en colaborar conmigo y por haber atrapado este proyecto en el aire para convertirlo en algo tan precioso. No lo sabe, pero me salvó la vida.

A todos los que, como yo, perdieron a alguien que amaban profundamente. Comparto su pena, su dolor y su esperanza. Están en mi corazón. Este libro también habla de ustedes.

A cualquiera que, por una razón u otra, haya acabado aquí. Gracias por subirte al barco y acompañarme en esta travesía. Espero haber logrado el cometido de hacerte sentir. Con mucha humildad, te abrazo en intercambio por haberme leído. Ojalá cruzarnos otra vez por este mismo mar.

Y, por último, gracias a ti, Papá Junior.

Por pararte junto a mí a contemplar el infinito y por empujarme a él. Sabías que terminaría aprendiendo a volar. Y aun cuando no estás, viajas conmigo. Esta es tu nueva forma de echarme la carrera. Gracias por ser eterno. Te amo, viejo.

Gracias a todos por resistir conmigo en este duro invierno.

Sobre el autor

Ángel Gabriel Ro (Ponce, Puerto Rico) completa, al momento de esta publicación, estudios subgraduados en Psicología Forense en la Universidad de Puerto Rico en Ponce. Aparece publicado por primera vez en la compilación latinoamericana «*Armario de letras 2*» (2019), de la editorial Caza de Versos, con su relato «*El invierno en tus ojos*», que habla acerca del tiempo, la memoria y el afecto genuino que no se debilita. Este «*Se despidió en invierno*» es su primer poemario y, a sus palabras, un salto al vacío necesario y visceral. En él, quiso acercarse a la idea de la muerte desde múltiples coordenadas, dando forma a cada poema en un íntimo proceso de duelo y reconstrucción emocional.

www.universoazul.com

Facebook: @angelgabrielro.escritor
Twitter: @angelgabrielro_
Instagram: @angel.gabriel.ro

angel.gabriel.escritor@gmail.com

Índice

Veintisiete 9
Me pregunto 11
Autopsia de un poemario 13
Dos serpientes en el agua 16
Valle en sobrevuelo 18
En carrera 19
Mi último adiós 21
Catarsis 23
Vas a encontrarte conmigo 25
La crisálida 27
Hidrólisis 29
Azul medianoche 31
Preludio a la tormenta 34
Tu ausencia 37
Secretos enterrados 41
Duendes feos 42
La puerta 44
Silueta sibilina, sibilina sombra 48
Un efecto lunar 50
Luz perpetua 52
Informe de progreso 54
monster... 55
Coda 60
Delta 62

Un camino del invierno..64
Pa' no morirse 67
Elipses alrededor del sol 69
Crónicas de un suicidio 74
Víctima 76
El chico aventurero del barrio 80
Escorpiones 82
En las alturas 83
Pasadizos (La otra calle) 85
El teatro de las lechuzas 87
Hablar con el agua 89
El alma partida...90
Te cumplí..92
Cuestión de instinto...95
La ventana del noveno piso..97
El campo, la familia y Puerto Rico 100
El último baile..102
Globo aerostático..105
Mi madre perdió a su padre 108
La ventisca y el zorzal..110
Visita de un demonio 113
Triste navidad 117
Como un cañón...120
Agradecimientos..123
Sobre el autor 126

Made in the USA
Columbia, SC
12 October 2021